초등학생의 진로와 직업 탐색을 위한
잡프러포즈 시리즈 05

게임개발자는 어때?

초등학생의 진로와 직업 탐색을 위한
잡프러포즈 시리즈 05

게임개발자는 어때?

이홍철 지음

TaLK SHOW

차례

CHAPTER 01 게임개발자 이홍철의 프러포즈

- 게임개발자 이홍철의 프러포즈 … 13

CHAPTER 02 게임개발자는 누구인가요?

- 게임개발자는 이런 일을 해요 … 19
- 게임개발은 이런 순서로 … 20
- 해외로 나아가기 위한 수정 작업까지 … 21

CHAPTER 03 역할을 나누어 함께 일해요

- 밑그림을 그리는 게임 기획자 … 25
- 이미지와 영상을 만드는 게임 그래픽디자이너 … 27
- 게임 속 소리를 담당하는 게임 사운드크리에이터 … 28
- 게임이 세상에 선보이기 전 평가하는 게임 QA … 29
- 게임을 세상에 알리는 게임 마케터 … 30
- 게임을 판매처와 연결하여 보내주는 게임 퍼블리셔 … 31

CHAPTER 04
게임개발자가 되려면?

- 무엇보다도 코딩 실력이 중요 … 35
- 게임개발을 어떻게 배우죠? … 36
- 통찰력과 유연성을 키우는 독서 … 37
- 문제해결을 위해 끈기와 집중력 기르기 … 38
- 영어도 잘해야 할까 … 40
- 게임 회사 들어가기 … 42

CHAPTER 05
게임개발자의 매력

- 계속 도전하는 재미 … 47
- 다른 사람에게 힘과 용기를 줄 때의 보람 … 48
- 자유롭고 평등하게 … 49
- 월급이 넉넉해요 … 52
- 게임개발자의 다양한 변신 … 53

CHAPTER 06
게임개발자의 하루

- 게임개발자의 하루 … 55

게임개발자의 마음가짐

- 😊 가끔은 아주 많은 욕을 먹더라도 … 67
- 😊 스트레스를 받으면 충분히 쉬어요 … 68
- 😊 일정 지키기가 필수 … 70

게임개발자 이홍철을 소개합니다!

- 😊 지는 건 너무 싫어 … 75
- 😊 건물 그리기를 좋아하던 아이, 건축가의 꿈 … 76
- 😊 새로운 분야에 대한 호기심 … 77
- 😊 IT 기업에서 게임 회사로 … 78
- 😊 게임개발자를 포기하고 싶었던 순간! … 80
- 😊 후회 없는 인생을 위해 … 81
- 😊 게임개발자를 꿈꾸는 친구들에게 … 82

CHAPTER 09

10문 10답 Q&A

- 😊 Q1. 게임개발자는 언제 생겼나요? … 87
- 😊 Q2. 게임개발자로 일하며 가장 기억에 남는 순간은? … 88
- 😊 Q3. 게임개발자가 되면 게임을 많이 할 수 있나요? … 89
- 😊 Q4. 혼자서도 게임을 만들 수 있나요? … 90
- 😊 Q5. 언제까지 일할 수 있을까요? … 91
- 😊 Q6. 앞으로 수요가 많은가요? … 92
- 😊 Q7. 필요한 자격증이 있나요? … 93
- 😊 Q8. 게임개발자가 일하는 곳은 어디인가요? … 94
- 😊 Q9. 최초의 컴퓨터 게임은 무엇인가요? … 95
- 😊 Q10. 모바일 게임과 PC 버전은 개발 방향이 다른가요? … 96

CHAPTER 10

게임 장르 파헤치기

- 😊 게임 장르 파헤치기 … 99

CHAPTER 11

나도 게임개발자

- 😊 나도 게임개발자 … 115

게임개발자 이홍철의 프러포즈

　안녕하세요? 게임개발자 이홍철입니다. 혹시 영화 〈툼 레이더〉, 〈레지던트 이블〉, 〈페르시아의 왕자〉, 〈몬스터 헌터〉를 본 적이 있나요? 이 영화들의 공통점이 무엇일까요? 바로 게임이 원작인 영화예요. 게임은 영화뿐 아니라 뮤지컬로 만들어지기도 했죠. 이렇게 게임이 모니터 밖 세상으로 뻗어 나간 지는 아주 오래됐어요. E-스포츠 대회도 무척 크게 열리고요. 게임 주제곡이 세계적인 음악상을 타거나, 게임 아이템이 현실의 트로피로 만들어지기도 했답니다.

　이렇게 다양한 문화·예술로 넓어질 수 있는 새로운 게임을 만드는 사람이 바로 게임개발자예요. 직접 컴퓨터로 프로그래밍하기도 하지만, 게임을 만드는 일에 협력하는 모든 사람을 게임개발자라 부르기도 하죠. 저는 현재 프로젝트 매니저라는 역할을 맡고 있어요. 그렇다면 구체적으로 어떤 일을 하는지 궁금하지 않나요? 이제부터 하나씩 소개하겠습니다.

CHAPTER. 02

게임개발자는 누구인가요?

2장에서는?

게임개발자가 하는 일은 무엇일까요? 어떤 순서로 게임을 만드는지 궁금하지 않나요? 이 장에서는 게임개발자가 구체적으로 무엇을 만들고 관리하는지, 사용자의 재미를 위해 어떤 일을 하는지 살펴보아요.

게임개발자는 이런 일을 해요

　가장 기본적으로 게임개발자는 서버 개발자와 클라이언트 개발자를 가리켜요. 서버 개발자는 수만 명의 사용자가 문제없이 게임할 수 있도록 네트워크 환경을 관리해요. 친구 정보와 점수 관리로 랭킹 시스템을 만들죠. 게임 내에서 캐릭터 이동, 전투, 퀘스트, 아이템 등을 처리하여 게임의 로직 관리와 가상세계를 펼치는 일도 하고요. 요즘엔 여러 사용자가 같은 곳에서 하는 게임이 많아 서버 관리가 매우 중요해요.

　클라이언트 개발자는 게임이 최대한 재밌을 수 있도록 만들어요. 그래픽을 매력적으로 보이게 한다거나, 사용자가 마우스나 키보드를 두드릴 때 더 유쾌하고 신이 나도록 소리나 영상에 변화를 주는 거죠. 화려한 마법의 놀라움, 눈을 의심케 하는 그래픽, 누구나 쉽게 이해할 수 있는 손쉬운 인터페이스 등이 클라이언트의 과제예요.

게임개발은 이런 순서로

게임개발의 순서는 기획 — 개발 — 검증 세 단계로 나뉘어요.

기획 단계에서는 기획자가 게임의 밑그림을 그린 후, 그래픽디자이너와 함께 시제품(프로토타입)을 만들죠. 예를 들어, 애완동물을 키우는 게임을 만든다고 하면 기획자가 먼저 전체 틀을 잡아요. 어떤 동물이 등장해서, 어떤 활동을 할지, 사용자들에게 어떤 영향을 줄지 등을 그려 보는 거죠.

그 내용을 바탕으로 개발 단계에서는 프로그래머가 코딩해서 실행 파일을 만들어요. 이때 그래픽디자이너가 세부적인 디자인을 완성하고, 사운드크리에이터가 소리를 추가하죠.

마지막으로 검증 단계에서는 QA가 게임이 제대로 작동하는지 검토해요. 게임에 버그가 있다면 문제를 찾아 해결해요.

해외로 나아가기 위한 수정 작업까지

　이제 우리 게임은 국내를 넘어 세계로 뻗어가고 있어요. 이미 만든 게임도 다른 나라에서 작동할 수 있으려면 여러 가지 수정이 필요해요. 개발자의 또 다른 일이죠.

　나라마다 인터넷 사정도, 주로 사용하는 컴퓨터 수준도 다르거든요. 인터넷 속도가 빠르지 않거나 컴퓨터가 많은 데이터를 다룰 수 없다면 사정에 맞게 프로그램도 바꿔야 해요. 저도 동남아 국가에서 우리 회사 게임 판매에 도전한 적이 있는데 4개월 만에 성공했어요.

CHAPTER. 3
역할을 나누어 함께 일해요

3장에서는?

게임개발에 참여하는 사람의 일은 무척 다양해요. 넓게 보면 게임 분야에서 일하는 다양한 직업을 가진 사람을 모두 게임개발자에 포함하기도 해요. 함께 하는 분들은 어떤 역할을 맡았을까요?

밑그림을 그리는 게임 기획자

게임을 만들기에 앞서 어떤 게임을 만들지 정하고 밑그림을 그려요. 게임의 시스템, UI(user interface), GUI(graphical user interface), 기본 시나리오와 연출 구성 등의 계획을 세우죠. 크게 시스템 기획자와 콘텐츠 기획자로 나뉘어요.

시스템 기획자는 게임이 어떤 방식으로 돌아갈지 규칙을 계획하죠. 예를 들어 강화 시스템을 만든다면 성공 확률은 어느 정도가 좋을지, 강화할 때 필요한 재료와 금액은 어떻게 정할지, 강화가 이뤄진 후 어떤 상승효과를 보여줄지 결정하는 거죠.

콘텐츠 기획자는 게임 내 설정을 기획하고 살을 붙여요. 몬스터가 등장하는 게임에서 시스템 기획자가 몬스터의 종류, 이름, 공격력 등을 계획한다면, 콘텐츠 기획자는 그 시스템에 맞춰 해골, 슬라임, 오크, 골렘과 같이 사용자가 직접 만날 몬스터의 특성을 정하고 데이터를 만들죠. 게임 내에서 이벤트나 보상을 계획하고 캐릭터, 퀘스트, 세계관 설정까지 하는 일이 무척 다양해요.

 게임 캐릭터만을 중심으로 계획하는 캐릭터 기획자와 게임을 얼마나 어렵게 만들지 균형을 맞추는 밸런스 기획자를 따로 구분하기도 해요.

이미지와 영상을 만드는 게임 그래픽디자이너

　게임에서 화면에 나타나는 모든 시각 요소의 구상과 제작을 맡아요. 게임 일러스트나 애니메이션, 2D, 3D 그래픽 디자인뿐만 아니라 콘셉트 아트나 홍보용 그림을 그리기도 하죠. PC게임, 네트워크 게임 등 게임용 소프트웨어 제작에 참여해 게임 시나리오 작가가 구상한 내용을 컴퓨터 그래픽 프로그램을 이용해 화면으로 표현해요.

　게임상에 보이는 메뉴, 창, 설정 창 등 인터페이스를 제작하고, 원화가가 그린 캐릭터와 배경을 3D로 바꾸죠. 입체물에 색감이나 질감을 입히고 반복 동작을 정교하게 만들어서 마법이나 기술 같은 여러 효과를 제작해요. 게임 완성 후에 캐릭터나 배경을 수정하고 보완하고요.

　게임 그래픽디자이너는 게임 제작에 참여한 모든 사람의 의견을 참고해서 디자인을 완성하기 때문에 소통 능력이 아주 중요해요.

게임 속 소리를 담당하는 게임 사운드크리에이터

　게임 속 오프닝 음악, 배경음악, 각종 효과음 등을 만들어요. 게임 사운드는 크게 게임음악, 성우 녹음, 효과음 등으로 구분해요. 게임 사운드크리에이터로 일하려면 음악적 기본 지식뿐 아니라 게임을 분석하는 능력이 필요해요

　게임 음악은 일반 음악을 작곡하는 과정과 비슷해요. 게임에 맞는 음악을 작곡, 편곡해 녹음해서 직접 게임에 입혀보고 제작진과 회의한 후 완성하죠. 성우 녹음은 성우가 개발사가 제공한 대본으로 녹음한 자료를 게임 사운드크리에이터가 편집해요.

　효과음은 게임개발사에서 효과음의 수와 길이를 문서로 정리하여 전달하면 이를 바탕으로 작업해요. 예를 들어 총소리 효과음이라면 총알이 바닥에 떨어지는 소리, 벽에 부딪히는 소리 등 상황에 맞는 목록을 만들어 사운드크리에이터에게 주는 거죠.

게임이 세상에 선보이기 전 평가하는 게임 QA

　게임을 출시하기 전 게임이 제대로 작동하는지와 게임의 질을 평가하는 사람이에요. 게임이 완성되면 직접 게임을 해보며 조작이 어렵지는 않은지, 문제나 불편함이 없는지 확인해요. 처음에 계획한 대로 만들어졌는지, 다른 게임과 비교해 장단점은 없는지 분석하는 거죠. 게임의 각 부분을 평가하고 여러 전문가와 소통해야 하니 기획, 그래픽, 프로그래밍 기술을 두루 이해해야 하죠.

　게임 회사는 사용자의 후기에 민감하게 반응해요. 그들의 반응 하나하나가 게임 가치나 회사 명예와 관련 있다고 생각하거든요. 그래서 게임을 내보내기 전 수천, 수만 가지 평가를 거쳐 결점 없는 게임을 만드는 것이 목표죠. 평가에 완전히 통과할 때까지 버그 수정과 개선 작업을 여러 번 반복해요. QA가 문제없다고 판단해야 게임 시장에 선보일 수 있어요.

게임을 세상에 알리는 게임 마케터

많은 사람이 게임을 즐길 수 있도록 세상에 알려요. 이 게임의 매력은 무엇인지, 어떤 사람이 재밌어할지 등을 분석해서 전체적인 마케팅 계획을 짜요. 그리고는 크리에이티브 제작, 매체 운영, 광고, 프로모션, 바이럴 등을 실행해요. 마지막으로 결과를 보고하고, 부족한 부분의 대책도 마련하죠.

이런 일을 성공적으로 마치기 위해 마케터에게는 마케팅 콘셉트를 제대로 전달하는 능력, 정보 분석 능력, 프로모션 및 이벤트 기획 능력이 필요해요. 게임을 진심으로 좋아하고 깊이 있게 이해하면 더욱 더 좋겠죠?

게임을 판매처와 연결하여 보내주는 게임 퍼블리셔

게임을 개발하고 나면 여러 판매처와 연결하여 제품을 보내주는 일이 필요하겠죠? 큰 개발사는 직접 제품을 발표하고 마케팅할 수 있어요. 그렇지 않은 개발사는 유통까지 담당할 사람이 부족하죠. 경제적으로 운영하기 위해선 전문 회사를 통해 게임을 여러 곳에 서비스해요. 이런 회사가 바로 퍼블리셔예요.

퍼블리셔는 게임 시장과 사용자를 분석하고 관리한답니다. 각 지역과 나라에 게임이 제대로 작동하기 위해 환경을 만들어 주고요. 현지 환경에 게임 사양이 맞지 않을 때는 일부 변형하기도 해요. 운영 체계 구축, 서버 관리, 홍보와 이벤트 등 서비스 관련 모든 내용을 책임지고 운영하죠.

4장에서는?

게임개발자가 되려면 어떤 능력이 필요할까요? 지금 할 수 있는 일은 무엇이고, 앞으로 배워야 할 어떤 기술을 배워야 할까요? 게임개발자가 되기 위해 준비해야 할 일, 거쳐야 할 과정을 보여 드릴게요.

무엇보다도 코딩 실력이 중요

 게임 회사에 들어가기 위해서는 프로그래밍 언어를 활용하여 코딩하는 실력이 가장 중요해요. 대학이나 학과가 거의 상관없죠. 학교에서 게임을 전공하고 회사에 들어오기도 하지만 게임학과가 적어서 다른 전공자인 경우가 많아요. 대학을 졸업했는지도 크게 중요하지 않죠. 개발자 중에는 중학교나 고등학교만 졸업하신 분도 많거든요.

게임개발을 어떻게 배우죠?

일단 코딩으로 프로그램을 개발하는 법을 익혀야 해요. 요즘은 책이나 자료가 많으니 혼자 공부하는 것도 가능해요. 저도 처음에는 서점에서 관련 책을 구해 필요한 부분부터 읽기 시작했어요. 학원이나 동호회에서 다른 사람을 도움을 받아 배울 수도 있겠죠. IT 관련 학과를 전공하면 조금 더 쉬울 수도 있고요. 하지만 어디서든 직접 해보는 것이 더 중요해요.

대학생이라면 다양한 프로젝트 경험을 하는 것도 좋겠어요. 프로젝트는 어떤 게임을 만들지 생각하는 것부터 실제 게임을 개발해 다른 사람이 사용할 수 있는 데까지 개발하는 모든 과정이에요. 요즘에는 이런 프로젝트에 도전하는 기회가 학교 안팎에 많이 있다고 하니 참여해보길 추천해요.

 ## 통찰력과 유연성을 키우는 독서

개발자가 되려면 세상 여러 일에 깊이 있게 생각하는 기회를 많이 가지는 게 필요해요. 사용자가 호기심을 갖고 흥미를 느낄 만한 새로운 게임을 계속 개발해야 하잖아요. 그러려면 요즘 사람들이 무엇에 관심을 가지는지, 사회가 어떻게 변화하는지 단번에 알아차리는 통찰력을 갖춰야 하죠.

문제가 발생했을 때도 재빨리 원인을 알아차리고 해결해야 하고요. 창의적인 개발을 하려면 자유로운 상상하는 힘도 중요하죠. 그래서 게임에만 관심을 갖기보다는 문학, 역사, 철학 등 다양한 책을 읽고 폭넓은 경험을 쌓는 일이 중요해요.

문제해결을 위해 끈기와 집중력 기르기

개발자는 언제나 새로운 숙제에 도전하니 끝까지 노력하는 끈기와 집중력이 필요해요. 제가 집중력을 잃지 않고 끈기 있게 생각해서 문제를 해결한 적이 있어요.

언젠가 캐릭터를 NPC(Non-Player Character)로 변신시키는 시스템을 만드는 일을 맡은 적이 있어요. 게임에는 사용자가 직접 조종하는 캐릭터가 있고, 직접 조정할 수 없는 도우미 역할의 NPC가 있거든요. 그런데 예전에는 캐릭터가 NPC로 변하는 것은 있을 수 없었기 때문에 어려운 일이었죠. 게다가 시간이 부족해서 예전 시스템을 재활용해야 했는데 마땅히 방법이 떠오르지 않았어요.

그러다 어느 날 꿈속에서 아이디어를 얻었어요. 잠에서 깨어 실제로 해보니 되더라고요. 정말 꿈같은 이야기이지만, 오랫동안 집중했기 때문에 일어난 일 같아요. 아주 오랫동안 한 문제를 끊임없이 고민하면 꿈에서도 해답을 찾을 수 있다고 하거든요. 그걸 '몰입'이라고 한대요. 이렇게 하나의 숙제를 풀기 위해 오래 고민해야 하는 일이 잦으니 포기하지 않는 힘을 길러야 해요.

영어도 잘해야 할까

　영어를 잘하면 구글이나 아마존 같은 세계적 기업에서 일하는 데 도움이 많이 돼요. 해외에서 일하려면 영어는 필수죠. 요즘은 해외 회사에서 한국인 게임개발자를 찾는 일이 늘어나고 있거든요. 우리나라 게임 개발 실력이 다른 나라보다 앞서니까요.

"우리 게임은 국내뿐만 아니라
글로벌로 확장해가고 있어요."
— 뉴질랜드 출장지에서

 # 게임 회사 들어가기

게임 회사에서 사람을 뽑을 땐 시험을 치르기도 해요. 실기 시험은 실제 개발하는 능력을 평가하고요, 면접시험은 개발의 모든 단계에서 필요한 분석 능력과 설계 능력을 확인해요. 얼마나 논리적으로 사고하는지, 문제해결 능력이 있는지를 알아보기 위해서죠.

현장 시험 말고 과제를 줘서 기한 내에 풀어오라고 하기도 해요. 그러니까 게임 회사에 들어가기 위해서는 게임 만드는 과정을 알고 있을 뿐 아니라, 실제로 해낼 수 있어야 하는 거죠.

개발자가 되려면
세상 여러 일에
깊이 있게 생각하는 기회를
많이 가지는 게 필요해요.
창의적인 개발을 하려면
자유롭게 상상하는 힘도 중요하죠.

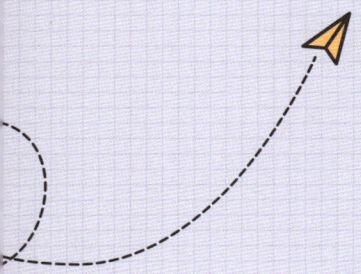

CHAPTER. 05

게임개발자의 매력

5장에서는?

세상에 등장한 지 얼마 되지 않는 게임개발자의 매력은 무척 다양하답니다. 시대에 발맞추어 끊임없이 변화하고 도전하는 재미부터, 다른 사람에게 힘과 용기를 줄 때의 보람, 자유롭고 평등하게 일하는 즐거움 등. 버는 돈도 제법 많다고 하네요?

계속 도전하는 재미

게임개발자는 끊임없이 변화에 발맞추어 새로운 프로그램을 만들어요. 사용자는 항상 전보다 더 복잡하고 더 짜릿한 게임을 요구하거든요. 기대에 맞추어 서비스를 제공하기 위해서는 높은 수준의 기술력이 필요하죠.

없던 기술을 만드는 재미가 있어요. 계속 도전하는 일이 어려울 수도 있지만 고민과 노력으로 기대를 넘는 결과를 얻으면 힘이 생기죠. 비록 실패하더라도 일하는 과정에서 배움이 있으니 의미가 있다고 생각해요.

다른 사람에게 힘과 용기를 줄 때의 보람

　몇 년 전에 우리 회사로 편지가 온 적이 있어요. 외국에 계신 분이었는데 몸이 불편해서 사회생활을 하지 못해 우울감에 빠져있었다고 하더라고요. 그런데 우리 게임을 하며 비록 온라인상이지만 여러 사람과 소통하고 간접적으로 사회생활을 하여 마음이 회복되었다는 내용이었어요. 이런 소식을 들으면 정말 뿌듯하죠.

자유롭고 평등하게

우리 회사는 출퇴근 시간을 직원 일정에 따라 바꾸어서 사용할 수 있어요. 어떤 날은 4시간 어떤 날은 12시간 일할 수 있는 거죠. 그렇다고 너무 많이 일하면 안 되니까 법에서 정한 시간이 절대 넘지 않도록 철저히 지키고 있어요.

게임 회사에서는 직원끼리 직급이 없이 서로 평등하게 일해요. 사장님, 부장님 같은 호칭 대신 이름에 '님'을 붙여 부르죠. 이제 막 대학을 졸업한 친구도 사장님을 만나면 '택진 님'하고 부르는 식이에요. 처음엔 조금 어색해했지만 지금은 자유롭게 의견을 나누고 결정을 하는 분위기가 만들어졌어요.

엔씨소프트는 복지 시설이 좋아서 다양한 혜택이 있어요.
사내 행사에서 NC 다이노스의 이종욱 선수와 함께 했어요.

월급이 넉넉해요

 게임개발자가 받는 월급은 높은 편이에요. 우리 회사에서 대학교를 막 졸업하고 처음 입사한 직원이 일 년에 받는 금액은 4,000만 원대예요. 거기에 새로운 게임이 나오면 인센티브라고 해서 추가로 돈을 더 받아요. 실력이 좋은 분은 월급보다 훨씬 많은 인센티브를 받기도 하죠.

 꼭 돈으로 받지 않아도 다양한 혜택이 충분해요. 회사 안에 병원이 있어 몸에 이상이 있으면 바로 이용할 수 있고요, 도서관, 운동 시설, 백화점 푸드코트 스타일의 식당, 대학교처럼 강의를 들을 수 있는 배움 공간 등도 갖추어져 있답니다.

게임개발자의 다양한 변신

　게임 분야에서 일을 시작하면 일반 IT 분야로 옮겨가지 못할까 봐 걱정할 수 있어요. 하지만 게임과 일반 IT 산업 모두 기술이 발전하면서 각 분야의 일이 완전히 구별되지 않고 서로 넘나들게 되었어요. 그러니 게임 분야 개발자가 다른 분야로 옮기는 일이 오히려 유리해졌죠. IT 회사에서 게임 회사로 옮기기도 마찬가지로 쉽고요.

　국가기관에서 일할 수도 있어요. 세계로 뻗어 나가는 것도 새로운 길이죠. 중요한 건 개발자의 실력이 각 분야에서 필요한 능력과 맞는지예요. 그러니 걱정하지 말고 도전해 보아요.

아침 7시 — 일정과 이메일 확인

저는 일을 일찍 시작하고 마치는 편이에요. 회사에 오면 가장 먼저 손을 씻고 커피를 내리고 차분한 마음으로 책상에 앉아요. 그러고는 오늘 하루 할 일을 확인하고, 필요한 자료를 정리해요. 이어서 받은 이메일을 확인하고 답변하죠. 다른 직원에게 해야 할 일을 요청하고, 진행 상황을 검토하는 거예요.

예전에는 오롯이 프로그램을 만드는 일을 했지만, 요새는 프로젝트 매니저의 역할을 맡아서 이렇게 이메일로 소통하는 일이 대부분이에요. 이렇게 단계별로 확인하면 회의 시간이 줄어들 수 있죠.

| 아침 10시 | |

커뮤니티 반응 살피기

지난주에 새로 서비스를 시작한 게임이 있어 게임 커뮤니티를 확인했어요. 사용자의 반응은 어떤지, 발견하지 못했던 문제는 없는지 살폈죠. 애써 만든 게임을 바르지 않은 방법으로 나쁘게 이용하는 일은 없는지도 점검해야 해요. 앗! 시작 부분에서 '랙'(느려지는 현상)이 심하다는 지적이 올라왔네요.

아침 11시

아까 발견한 문제를 해결하려고 개발자들과 만났어요. 자주 회의하는 편은 아니지만 이제 막 시작한 프로그램이라 서둘러 모였어요. 개발자들도 이미 문제를 파악하고 있었네요. 몇 가지 코드를 살펴본 후에 해결책을 찾았어요.

기획자와 이야기할 때는 그림과 숫자가 필요하지만, 개발자는 주로 이렇게 코드로 대화해요.

개발자 회의

⏰ 낮 1시 — 병원 진료

아침나절에 무리했는지 손목이 찌릿하네요. 개발자들에게 흔한 손목터널증후군이죠. 점심은 회사 식당 분식코너에서 간단히 김밥과 어묵을 먹고 회사 병원으로 향했어요. 물리치료를 받으니 한결 나아졌네요.

⏰ 낮 2시 30분 — 게임

다음 일정까지 시간이 조금 비어 요즘 즐겨 하는 〈마구마구〉라는 모바일 게임을 실행해봤어요. 음, 나온 지 얼마 안 된 게임이라 재밌네요. 하핫. 노는 거 아니냐고요? 아니요. 게임회사에서는 게임도 일이에요. 신입사원들한테는 어떤 게임을 몇 단계까지 돌파하라는 업무도 주어져요. 남들이 보면 일하는 시간에 놀고 있는 것으로 보이겠지만 게임회사 직원은 열심히 일을 하는 중이랍니다.

낮 3시
신입직원 시험

직원 면접이 있다고 해서 면접장으로 갔어요. 제가 IT 실력을 평가하는 시험 개발에 참여한 적이 있어 회사 내 직원을 뽑을 때 자주 참여하거든요. 최종 면접이라 모두 실력이 괜찮았어요. 특히 IT 고등학교를 졸업한 친구도 있었는데, 어릴 때부터 혼자 게임개발을 익혔다고 하네요. 어린 만큼 패기도 있고 아이디어도 많아 보여 높은 점수를 주었어요.

낮 4시   퇴근 후 아들과 함께

아들과 약속이 있어 면접장에서 바로 퇴근했어요. 학교에서 만나 차로 근처 카페에 갔어요. 요새 사춘기라 그런지 고민이 많은 모양이에요. 왜 공부해야 하는지, 왜 살아야 하는지 자주 묻더라고요. 저도 모르는 질문을 받아 당황스럽기도 하지만 최대한 공감해주려 노력하고 있어요.

저녁 7시
가족과 외식

아들과 이런저런 이야기를 나누다 보니 어느덧 저녁 식사 시간이 되었네요. 이왕 밖에서 만난 김에 아내까지 함께 외식해야겠다고 마음먹었어요. 아들에게 뭐가 먹고 싶은지 물으니 언제 심각했나 싶게 신나게 메뉴를 고르네요. 아들과 아내를 모처럼 밖에서 만나니 저도 기뻐요.

아들이 어릴 땐 제가 '정보관리기술사'라는 자격증을 준비하느라 무척 바빴어요. 일하면서 공부까지 하느라 아이를 돌보는 일은 아내가 도맡아 했죠. 그 시절의 미안함과 고마움을 갚기 위해서라도 자주 이렇게 가족과 시간을 보내고 싶어요.

7장에서는?

아무리 재미있는 일도 힘든 부분이 있어요. 게임개발자도 사용자의 항의를 받거나, 게임에 문제가 생겼을 때, 개발 일정이 빠듯할 때 마음 지키기가 어려워요. 그래도 저만의 특별한 방법으로 다시 일어나곤 한답니다.

🎵 가끔은 아주 많은 욕을 먹더라도

다양한 사용자가 여러 환경에서 게임을 하다 보면, 문제가 발생하거나 잘못 작동하는 경우가 생겨요. 그럴 때 흥분한 사용자가 개발자 이름까지 확인해서 욕을 하기도 하죠. 그렇다고 같이 화를 내면 안 돼요. 오히려 반응하지 않고 차분해야 하죠.

예전에 제가 서버 개발자로 참여한 게임이 공개됐을 때, '랙'이 일어났거든요. 사실 클라이언트 쪽 랙이라 제 담당은 아니었는데 억울하게 욕을 들은 거죠. 댓글을 달고 싶은 마음이 컸지만 그랬다간 오히려 어마어마한 공격을 받을 수 있어 속으로 조용히 마음을 다스렸어요.

스트레스를 받으면 충분히 쉬어요

　스트레스는 미리 조절하는 게 중요한 것 같아요. 일정과 목표가 넘치지 않게 지키고 문제가 일어나지 않게 예방하는 거죠. 그를 위해 틈틈이 피아노를 연주하거나 명상해요. 가끔 '멍 때리기'도 하고요. 그래도 어쩔 수 없이 스트레스를 받기도 하죠. 사람 관계에서 받는 때가 가장 많고요. 그럴 땐 휴가를 가거나 영화를 보며 쉬어요.

　계속 새로운 일에 도전하다 보면 어느 순간 몸과 마음이 생각처럼 움직이지 않는 슬럼프의 순간이 오기도 해요. 그러면 잠시 일상과 거리를 두고 쉬어요. 여행을 가서 머리에서 일을 비우죠. 일에서 한 발짝 떨어지고 나면 객관적인 눈이 생겨서 슬럼프에서 빠져나올 수 있어요.

"여행은 스트레스 해소에 도움이 돼요."
— 가족과 함께 한 설악산 여행

일정 지키기가 필수

　게임을 직접 개발할 때는 문제가 없게 만드는 것에 집중했어요. 버그가 안 생기도록요. 지금은 일정 지키기를 최우선으로 생각해요. 새로운 게임을 개발할 때 일정에 맞추지 못할 것 같으면 처음에 기획했던 범위를 줄이죠.

　어떻게든 목표를 이루려고 더 많은 사람이 참여할 수도 있지만, 그러면 과정이 복잡해지고 돈도 많이 들거든요. 그래서 포기하는 부분이 있더라도 무조건 일정은 꼭 맞추도록 해요.

게임 〈트릭스터M〉

역할을 나눈 여러 사람들이 모여 하나의 게임을 만들어요.

8장에서는?

게임개발자 이홍철 선생님은 지기 싫어하고 건물 그리기를 좋아하던 아이였다고 해요. 열정과 호기심 많은 아이가 어떻게 게임개발자가 되었을까요? 현재의 꿈은 무엇이고, 미래의 게임개발자에게 해주고 싶은 말씀은 무엇일까요?

지는 건 너무 싫어

저는 서울의 평범한 가정에서 나고 자랐어요. 공무원 아버지와 전업주부인 어머니 아래 삼 형제 중 둘째였지요. 특별한 점이라면 어릴 때부터 운동할 때 지는 걸 아주 싫어했던 것 같아요.

유치원 때 운동회에서 조별 달리기 시합을 했을 때 일이에요. 친한 친구들이 다 자기 조에서 1등을 했는데, 저만 2등을 했어요. 그게 창피했는지 1등인 친구가 반칙했다고 거짓말을 한 거예요. 지금 생각해도 어이없죠. 초등학교 때는 이어달리기 시합에서 계속 지니까 친구들이 지쳐 쓰러질 때까지 다시 하자고 우긴 일도 있었어요.

건물 그리기를 좋아하던 아이, 건축가의 꿈

초등학교 때는 공부를 제법 잘했어요. 그런데 중학교에 입학하자마자 성적이 떨어졌어요. 알고 보니 다른 친구들은 선행학습을 마치고 왔더라고요. 그때 크게 충격을 받았지만, 꾸준히 공부해서 성적을 올렸죠.

여러 가지 꿈이 있었는데, 가장 원했던 건 건축가였어요. 건물 그리기를 좋아했거든요. 이미 완성된 건물뿐만 아니라 새로운 건물을 상상하며 그리기를 더 좋아했던 것 같아요. 이런 건물도 있지 않을까, 이렇게 만들면 더 편하지 않을까 하면서요.

새로운 분야에 대한 호기심

대학교에서는 토목공학을 공부했어요. 같은 전공으로 대학원까지 갔는데 논문을 쓰면서 다른 분야에 관심이 생겼어요. 프로그램의 데이터를 다른 프로그램으로 옮겼어야 했는데, 그러려면 두 프로그램이 서로 연결될 수 있어야 했거든요. 일일이 하나씩 새로 입력할 수는 없으니까요. 문제를 해결하려고 프로그램을 처음 만들게 된 거죠. 이때 이전 공부에서 느끼지 못한 재미를 느꼈어요.

나중에 개발자가 된다고 했을 때 주위에서 걱정과 반대가 아주 심했어요. 개발자로 진로를 바꾼 건 IT 산업이 아주 성장할 거라고 판단해서였죠. 마침 인터넷 사용이 널리 퍼질 때였거든요. 지금도 대학에 돌아가면 직업을 위해서만이 아니라 정말 관심 있는 분야를 공부하고 싶은 마음이 있는데, 그때도 새로운 공부에 호기심이 컸던 것 같아요.

IT 기업에서 게임 회사로

첫 직장은 IT 회사였어요. 그곳에서 2년 정도 일하면서 많은 정보와 데이터를 사용할 수 있는 대용량 서버를 만들고 싶어졌어요. 그런데 그런 서버를 만드는 곳이 게임 회사더라고요. 그래서 넥슨이라는 게임 회사로 옮겨 개발자 일을 시작했어요. 그러면서 국내 최초 MMORPG 게임의 서버 개발자로 참여했죠.

서버 개발자로 참여했던 게임 〈바람의 나라〉

그러다 '한국생산성본부'라는 곳에서 TOPCIT(탑싯)이라는 IT 평가 제도를 만드는 일에 참여했어요. 일터에서 사용할 수 있는 능력이 어느 수준인지 단계별로 구분하는 시험이에요. 높은 등급을 받으면 취업할 때나 회사에서 일할 때도 좋은 평가를 받을 수 있어요.

이후 게임 개발할 때 '프로젝트 관리'라는 방법을 사용해보고 싶어서 다시 게임 회사로 돌아왔어요. 프로젝트 매니저는 직접 개발을 하진 않고요, 프로젝트, 그러니까 목표별로 나눈 일들의 범위를 정하고 일정이나 성과를 관리하는 일을 해요.

게임개발자를 포기하고 싶었던 순간!

 게임 회사엔 정말 능력자가 많아요. 저도 제법 실력이 있다고 생각했는데 훨씬 뛰어난 사람을 만나면 넘을 수 없는 벽을 만난 것 같죠. 개발자로 일할 때 아무리 고민해도 풀리지 않는 문제가 있어 팀장님 생각을 물은 적이 있었어요. 찬찬히 들여다보고 순서대로 해결 방법을 찾아보자 할 줄 알았는데, 잠깐 먼 산을 보시더니 바로 키보드를 두드려 뚝딱 코드를 만드시더라고요. 와! 그때 정말 좌절했어요.

 그래도 급한 일이나 어떤 문제가 생겼을 때 쉽게 흔들리지 않는 저만의 장점을 생각하며 힘을 냈어요. 큰일이 생겼을 때 그런 마음을 가지면 일을 해결하는 데 아주 도움이 되죠. 그렇다고 언제나 평안하지는 않지만, 그래도 보통 사람보다는 허둥지둥하는 일이 적은 것 같아요.

후회 없는 인생을 위해

앞으로 삶에서 후회할 일이 없길 바라요. 실수나 잘못을 할 수 있지만 항상 충실하게 살아가려 해요. 여러 방법으로 많은 사람에게 도움이 되는 일을 하면서요. 물론 자신에게도 충실해야겠죠. 저를 위한 작은 목표도 이루고요. 그런 마음으로 최근에 피아노로 좋아하는 곡을 끝까지 익히기에 도전하고 있어요.

게임개발자를 꿈꾸는 친구들에게

　게임개발을 하고 싶다는 목표를 가진 것만으로 박수 치며 응원하고 싶어요. 하지만 스스로 "왜?"라는 질문을 꾸준하게 던졌으면 좋겠어요. 단지 짧은 시간에 많은 돈을 벌기 위해서인가, 인기를 얻기 위해서인가. 왜 큰돈을 벌고 싶지? 왜 인기를 얻고 싶지? 이렇게 질문하다 보면 정말 자신이 원하는 바를 깨달을 수 있을 것 같아요.

　더불어 목표를 이루기 위해 자세한 계획을 꼭 세웠으면 좋겠어요. 그 계획을 전문가에게 점검받으면 더 좋겠죠?

문제를 해결하려고
프로그램을 처음 만들게 됐어요.
그때 이건의 공부에서
느끼지 못한 재미를 느꼈어요.

9장에서는?

앞에서 미처 소개하지 못한 궁금증을 해결하는 시간! 게임개발자에게 묻고 싶은 열 가지 질문을 모아봤어요. 게임개발자가 언제 생겼고, 언제까지 일할 수 있을지 궁금하지 않나요? 기억에 남는 순간도 소개해 주신대요.

게임개발자는 언제 생겼나요?

QUESTION 01

　게임이 처음 만들어질 땐 상업용으로 만들어진 게 아니어서 정확히 언제라고 정하긴 어려워요. 상업용으로 연결이 된 때는 1970년대에서 1980년대 정도로 볼 수 있어요. 이때부터 아케이드 게임, 홈 게임류를 만들어 파는 사람들이 나타났거든요. 그러다 1990년대부터 온라인 게임이 시작됐어요.

오락실에서 즐길 수 있는 게임을 아케이드 게임이라고 해요

QUESTION 02
게임개발자로 일하며 가장 기억에 남는 순간은?

개발자였던 시절 서버 장비가 오래되어 새 장비로 바꿔야 했던 적이 있어요. 오래된 서버의 데이터를 새 서버로 옮기고, 이전 서버의 데이터를 포맷해서 장비를 반납하는 업무였죠. 그런데 실수로 서비스 중인 새로운 서버의 데이터를 날려버렸어요. 새로운 서버로 옮겨 서비스한 후 5~6시간의 데이터가 전부 삭제된 거죠.

당시 가장 인기 있는 게임이라 사용자가 많았거든요. 결국 그 시간에 게임을 했던 20여만 명의 사용자 데이터가 전부 롤백(이전 상태로 되돌아감)이 되어 엄청나게 비판받았죠. 복구도 오래 걸려 정말 힘들었어요. 지금 생각해도 아찔해요.

게임개발자가 되면 게임을 많이 할 수 있나요?

QUESTION 03

다른 직업에 비해서는 게임을 할 기회가 많아요. 신입직원에게는 의무 사항이 되기도 하고요. 새로운 게임을 기획하는 일을 하면 아이디어를 얻기 위해서라도 많이 해보면 좋거든요. 하지만 실제로 얼마나 게임을 하는지는 어떤 역할을 맡았는지, 게임을 좋아하는지에 따라 달라요.

게임 회사에서 게임을 한다는 건 업무의 일환이기도 해요.

혼자서도 게임을 만들 수 있나요?

QUESTION 04

처음 스마트폰이 나왔을 때만 해도 개인이 게임을 만들어서 앱스토어에 올리는 경우가 많았어요. 그런데 개인이 만든 게임은 홍보가 어려워 사용자의 눈에 띄기 어렵죠. 그래서 요즘은 좋은 아이디어가 생기면 큰 회사에서 투자나 서비스를 받는 쪽을 더 많이 선택해요.

개발자가 되고 나서도 회사에 속하지 않고 프리랜서로 일하는 분도 가끔 있는데 그런 기회는 많지 않아요. 디자인 관련 업무는 회사에 속하지 않고 자유롭게 일하기도 하지만, 프로그래밍 분야는 외부 사람과 일하는 경우가 적죠.

언제까지 일할 수 있을까요?

    회사 내 규정에 정년이 정해져 있지는 않아요. 게임 산업이 시작된 지 오래되지 않아서 처음 시작하신 분들이 일을 그만둘 때를 고민하는 시기가 되지 않았거든요. 모두 아직까진 왕성하게 활동하고 계시죠. 저도 한창 열심히 일하고 있고요. 조금 더 시간이 지나 봐야 언제가 적절한 정년인지 논의가 시작될 수 있을 것 같아요.

앞으로 수요가 많은가요?

QUESTION 06

지금도 많고 앞으로는 더 많을 것 같아요. 정확한 숫자는 모르겠지만 현재 활동하는 개발자는 수만 명 이상일 거예요. 남자가 더 많긴 한데 여자 개발자도 적지 않아요. 게임은 이제 전 세계인을 대상으로 하는 글로벌 서비스예요. 덕분에 멋진 게임을 만든 나라도 많아졌고 개발자를 많이 필요로 하죠. 또 게임 산업과 협력하는 산업이 늘어 다양한 분야로 뻗어 나갈 수도 있어요.

필요한 자격증이 있나요?

QUESTION 07

필수적이진 않지만, 기술사 자격증이 있으면 자격증 수당을 받기도 해요. 자격증을 땄을 때 취득수당을 받기도 하고요. 그뿐만 아니라 기술직이나 연구직 공무원을 경력직으로 채용할 때 필요한 경우가 있죠.

꼭 자격증이 있어야 개발자가 되는 건 아니지만, 코딩이나 다른 컴퓨터 활용 관련 자격증 공부를 하다 보면 실력이 쌓이겠죠?

QUESTION 08
게임개발자가 일하는 곳은 어디인가요?

게임회사죠. 게임회사는 한 지역에 모여 있어요. 예전에는 서울 삼성역과 선릉역 사이 테헤란로에 많았는데, 요새는 경기도 판교라는 지역에도 많아졌어요.

판교테크노밸리 초입에 위치해 있는 엔씨소프트

QUESTION 09 최초의 컴퓨터 게임은 무엇인가요?

기준에 따라 의견이 서로 다르기는 한데요, 보통은 1960년대에 나온 테니스 게임을 최초의 컴퓨터 게임이라고 해요. 모니터 옆에 다이얼을 돌리며 움직이는 게임이에요.

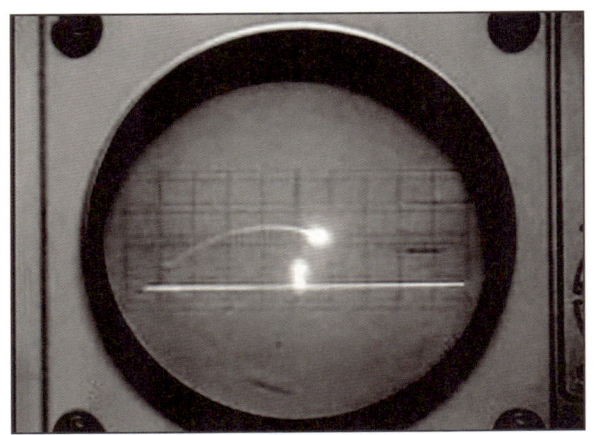

⏻ 최초의 컴퓨터 게임으로 평가받는 〈테니스 포 투(Tennis for Two)〉

모바일 게임과 PC 버전은 개발 방향이 다른가요?

QUESTION 10

1년 전까지만 해도 많이 달랐어요. 모바일 게임은 메모리나 데이터 활용이 컴퓨터만큼 자유롭지 않거든요. 아무래도 모바일은 용량이 부족하니까요. 화면이 작고 키보드, 마우스 같은 입력 장치가 따로 없기도 하고요.

하지만 지금은 차이가 거의 없어졌어요. 모바일 성능이 아주 좋아진 데다, PC와 연결해서 실행할 수도 있거든요.

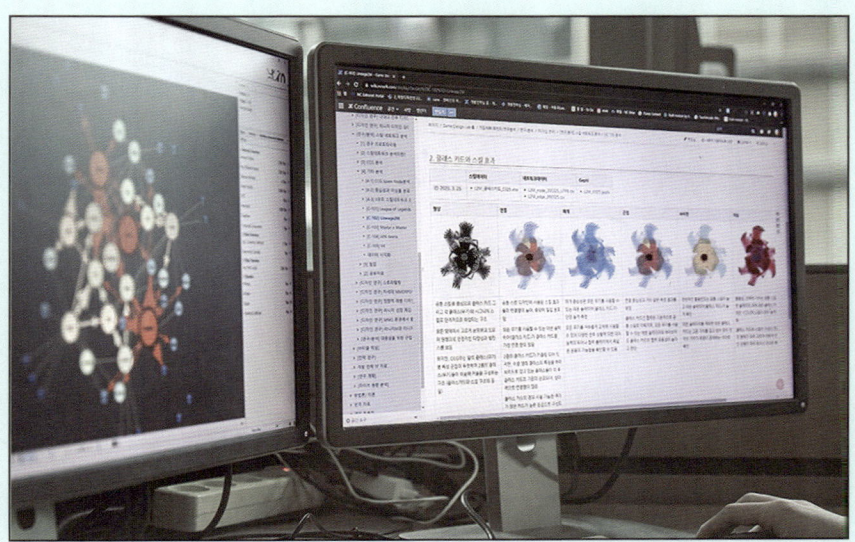

 이미 만든 게임도 다른 나라에서 작동할 수 있으려면 여러 가지 수정이 필요해요.

게임 장르 파헤치기

게임 산업이 커지고 게임의 차별성이 중요해지면서 다양한 종류의 게임이 등장하고 있어요. 여러 장르를 합친 게임도 출시되고요. 게임 장르의 이름은 무엇이고 어떤 특성이 있는지 알아볼까요?

플레이어가 게임 속 주인공이 되는 게임 RPG

가장 유명한 게임 장르죠. 플레이어가 게임 속에서 주어진 역할과 임무를 해내면서 캐릭터를 성장하는 모든 게임을 가리켜요. 지금까지 많은 발전이 이뤄졌고 앞으로 더 커나갈 잠재력이 높은 게임 최고의 장르랍니다.

MMORPG(Massively Multiplayer Online Role Playing Game)

많은 사람이 큰 규모로 모여 RPG 게임을 하는 거예요. 한 필드에 다양한 사람이 한 번에 접속해서 다양한 플레이가 가능하죠. 국내 최초 MMORPG인 〈바람의 나라〉, 큰 인기를 끌었던 〈리니지〉, 가장 유명한 〈월드 오브 워크래프트(WOW)〉 등이 있어요.

MORPG(Multiplayer Online Role Playing Game)

MMORPG와 비슷해 보이지만 큰 규모로 모이지 못하고 한 지역에서 몇 명만 모일 수 있는 RPG 게임이에요. 5명 정도의 사용자가 한 공간에서 스테이지 하나씩을 완료해 나가는 전투가 중심이에요. 〈블레이드〉, 〈레이븐〉, 〈히트〉 등이 대표죠.

횡스크롤 RPG

캐릭터가 왼쪽과 오른쪽으로만 이동이 가능해요. 앞으로 이동하면서 몬스터를 공격하는 방식의 게임이죠. RPG 중에서 쉽고 가볍게 즐길 수 있어요. 어린 친구들에게 인기가 많죠. <메이플 스토리>, <던전 앤 파이터> 등이 있어요.

액션 RPG

마우스, 키보드를 두드리는 타격감과 화려한 기술로 전투와 액션을 하는 게임이에요. 액션 RPG이면서 MORPG인 게임이 바로 <블레이드>, <레이븐>, <히트> 그리고 <다크 어벤저3>이죠.

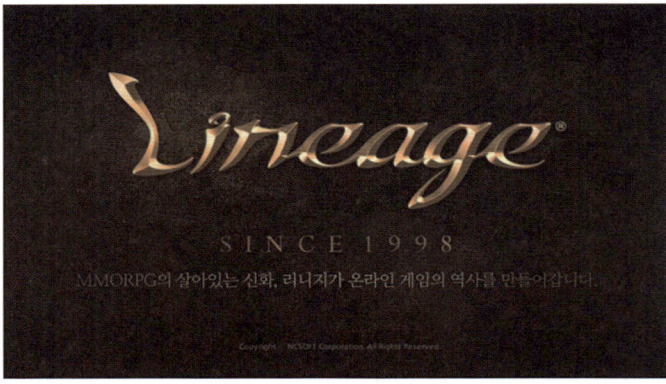

MMORPG로 인기를 끌었던 <리니지>

총, 미사일로 적과 싸우는 슈팅 게임

캐릭터를 조작해 총이나 미사일 같은 원거리 무기를 사용하여 적과 싸우는 형식의 게임이에요. 어떤 물체를 발사해 맞추는 게임도 마찬가지로 슈팅 게임이고요. 캐릭터를 조작해 전쟁을 일으키거나 비행기의 무기로 적을 맞추는 등 종류가 다양하죠.

FPS(First person shooter)

주인공 시점으로 진행되는 슈팅 게임이에요. 사용자가 캐릭터 안에 들어간 것처럼 보이는 게임들이죠. 화면에서 캐릭터의 손과 무기만 보이고, 사실성이 뛰어나서 아주 빠져들어 즐길 수 있어요. 가장 인기 있는 슈팅 게임의 장르죠. 〈버추어캅〉, 〈서든어택〉이 유명해요.

TPS(Third person shooter)

관찰자 시점으로 바라보는 슈팅 게임이에요. 보통 자기 캐릭터 뒤쪽에서 바라보는 형태로 진행하죠. FPS 보다 빠져드는 느낌은 적지만 장면을 넓게 볼 수 있어서 전략적인 게임을 즐길 수 있어요. 〈기어즈 오브 워〉, 〈맥스 페인〉 등이 있어요.

⏻ 〈서든어택〉 게임 화면

⏻ 〈기어즈 오브 워〉 게임 화면

모의 전쟁 게임 RTS(Real Time Strategy)

 다른 경쟁자와 승부를 겨루는 모의 전쟁 게임이죠. 실시간으로 진행하는 전략 게임이에요. 어떤 자원을 찾아낸 후 자원을 이용해 건물을 짓거나 군사력을 키우기도 해요. 문명을 발전시키거나 상대방과 결투에서 이기면 게임이 끝나죠.

RTS 게임의 큰 특징은 '실시간'과 '빠른 판단'이에요. 사용자의 순간 판단으로 게임에서 승리할지 말지 결정되기 때문에 순식간에 판단해서 재빠르게 손을 놀려야 하죠. RTS 덕분에 E-스포츠가 발전했어요. 치열하게 머리를 쓰고 화려한 조종이 펼쳐져서 볼거리가 많거든요. 〈스타크래프트〉와 〈워크래프트 2〉, 〈듄 2〉가 그 대표예요.

몸으로 싸우는 액션 게임

액션 게임은 독립된 게임 장르가 아니라 다른 장르와 합쳐져서 만들어지고 있어요. 화면 속 캐릭터를 조종해 장애물이나 적, 문제 요소를 해결해 나가는 게임을 가리키죠. 예전 게임은 2차원 평면에서 3차원 공간으로 바뀌었고, 이에 따라 사용자가 구사하는 기능이나 동작이 다양한 형태로 발전됐어요.

게임에서 문제를 해결하려면 직접 몸을 부딪쳐서 헤쳐나갈 수도 있고, 단서를 찾아 실마리를 풀어갈 수도 있어요. 앞의 방법이 액션 게임, 뒤의 방법이 어드벤처 게임이죠. 액션 게임의 대표로는 〈슈퍼마리오〉, 〈스트리트 파이터2〉, 〈철권〉 등이 있죠.

단서를 찾아 실마리를 찾는 어드벤처 게임

어드벤처 게임 목적은 주어진 이야기를 완성하는 거예요. 사용자는 주어진 단서와 도구를 가지고 퍼즐을 풀어 어려움을 이겨내죠. 예전 어드벤처 게임에선 특별한 상황을 만들어 플레이어의 행동을 제한해서 어려움을 극복하도록 유도하는 방법을 사용했어요. 사용자가 마치 탐정이 된 듯 어떤 장소를 탐색하고 힌트를 얻어 다음 장소로 이동하며 퍼즐을 풀었어요. 요즘은 어드벤처 게임이라 해도 RPG 게임이나 액션 게임과 합쳐진 형태가 많아요.

어드벤처와 RPG가 혼합된 게임으론 〈젤다의 전설〉이 있어요. 〈툼레이더〉는 어드벤처와 액션이 합쳐진 게임이에요.

가상 세계를 체험하는 시뮬레이션 게임

현실과 비슷한 환경을 만들어 간접적으로 체험하는 게임이에요. 처음에는 운전연습이나 전투훈련처럼 교육을 위해 개발됐는데, 요즘에는 즐기기 위한 오락용 시뮬레이션 게임이 등장하고 있어요.

이 게임은 다른 장르 게임에 비해 무척 사실적이라는 점이 특징이에요. 하지만 기준이 명확하지 않아 스포츠 게임, 레이싱 게임, 전략 게임과의 정확히 나누긴 어려워요. 시뮬레이션이 사실적이라는 건 그래픽이 뛰어나다는 뜻이 아니에요. 실제로 일어날 수 있는 일인가가 중요하죠. 그래픽이 뛰어나도 일어날 수 없는 일이면 시뮬레이션 게임이 아니에요. 반대로 그래픽은 엉성해도 내용이나 구조가 현실적이라면 시뮬레이션 게임이라 할 수 있죠.

건설, 경영 시뮬레이션(CMS)

게임 안에서 도시, 정부, 건물 등을 운영하는 게임이에요. 〈심시티〉와 같은 게임이죠. 1989년 출시된 〈심시티〉의 인기로 건설, 경영 시뮬레이션의 틀이 잡혔죠. 그 밖에도 〈롤러코스터 타이쿤〉, 〈풋볼 매니저〉, 〈프로야구 매니저〉 등의 게임이 있어요.

건설 시뮬레이션 게임 〈심시티〉

운전 시뮬레이션

자동차, 비행기, 배 등 여러 탈것을 그대로 재현한 게임이에요. 운전자의 시점에서 게임을 진행하죠. 실제로 항공사나 군대에서 훈련용으로 활용되기도 한답니다. 대표적인 비행 시뮬레이션 게임으로는 플라이트 시뮬레이터가 있어요.

운전 시뮬레이션은 실제 있는 대상을 바탕으로 만든 게임이라 사실성이 중요해요. 그렇기 때문에 카트라이더 같은 게임은 운전 시뮬레이션 게임이라 부르지 않아요.

육성 시뮬레이션

살아있는 생명체를 보살피는 게임이에요. 가상 인간인 심즈를 아이에서 어른까지 키워내는 〈심즈〉가 대표적이죠. 사용자가 어떻게 심즈를 교육하느냐에 따라 심즈의 인생이 바뀌어요. 때로 죽기도 하죠.

〈심즈〉 게임 화면

신생 장르인 AOS(Aeon of Strife)

게임 장르의 이름은 보통 게임 특징을 표현하지만 AOS는 달라요. AOS(Aeon of Strife) 즉 '영원한 투쟁'이라는 뜻만으론 어떤 게임을 가리키는지 알 수 없죠. 한국에선 AOS라는 이름을 자주 사용하지만, 해외에선 MOBA(Multiplayer Online Battle Arena), ARTS(Action Real Time Strategy), Hero Brawler 등으로 부르기도 하고요. 이렇게 이름이 많은 이유는 새로 생긴 장르기 때문이죠.

여러 장르가 섞여 있어 정확히 정의할 순 없지만, 사용자가 하나의 캐릭터를 조종해 상대와 경쟁해 성장하거나 본진을 파괴하는 게임을 가리켜요. 가장 먼저 선보인 게임이 바로 〈스타크래프트〉이고, 현재 가장 성공한 게임 중 하나는 〈리그 오브 레전드(LOL)〉예요.

누구나 즐기는 캐주얼 게임

남녀노소 모두가 편하게 즐기는 게임을 캐주얼 게임이라 불러요.

레이싱 게임
이동 수단을 타고 다른 사용자와 경주를 즐기는 게임이에요. 이동 수단은 자동차부터 말, 비행기 등 다양하죠. 현실에서 갖기 어려운 값비싼 이동수단을 게임 내에서 가질 수 있다는 점이 매력이죠. 이 때문에 등장하는 이동 수단에 따라 게임을 선택하는 사용자가 있기도 해요. 주로 자동차 게임이 인기가 많아요. 대표적 게임으론 〈그란 투리스모〉, 〈니드 포 스피드〉, 〈마리오 카트〉 등이 있어요.

스포츠 게임
말 그대로 야구, 축구, 골프 등 경기를 즐기는 스포츠 게임이에요. 현실에서 인기 있는 스포츠 종목일수록 인기가 많아요. 선수로 뛸 수도 있고, 감독이 되어 팀을 조종할 수도 있어요. 게임 경기 시즌에 따라 인기 정도가 크게 바뀐다는 점이 특징이죠. 〈메이저 리그 베이스볼〉, 〈피파〉, 〈풋볼 매니저〉 등이 있어요.

퍼즐 게임

구성된 조각을 맞춰 나가는 게임이에요. 블록 맞추기부터 숫자, 색깔 등을 사용하는 게임 등 종류가 여럿이에요. 〈테트리스〉, 〈핵사〉, 〈스도쿠〉 류의 게임이 모두 여기에 속해요. 요즘에는 다른 장르 게임의 미니 게임 형태로도 활용되죠.

아케이드 게임

쉽게 말해 오락실 게임이에요. 〈갤러그〉부터 〈철권〉까지 역사가 깊고 나이 많은 분들도 즐겨하죠. 유명한 게임이 무척 많지만 〈테트리스〉는 바로 아케이트의 전설이죠.

〈테트리스〉 게임 화면

CHAPTER. 11

나도 게임개발자

나도 게임 기획자

자! 내가 게임을 만든다고 상상해 보아요. 어떤 종류의 게임을 만들고 싶은가요? 장르부터 정해봐요. 귀여운 동물을 키우는 육성 시뮬레이션 게임? 신나게 총을 쏘는 슈팅 게임? 게임을 얼마나 어렵게 만들지도 정해야겠죠. 이 게임은 초등학생이 즐기기에 적당할까요? 아니면 어른용? 캐릭터의 역할이나 특징을 분명하게 만들고, 그 캐릭터의 이야기도 만들어 보아요.

게임 기획

나도 게임 그래픽디자이너

전체적인 틀을 잡았다면, 이제는 그 틀에 맞게 화면을 구성해요. 캐릭터들의 옷이나 소품은 무엇이 적당할까요? 색깔은요? 그들의 움직임은 재빠를까요, 느릿느릿할까요? 이동 방향은 어디로 향할까요? 사용자가 게임 내에서 캐릭터 안의 시선으로 움직일지, 저 멀리서 모든 상황을 관찰할지 위치도 정해야겠네요. 아! 메뉴와 창, 설정 창 구성도 고민해야겠죠?

게임 그래픽디자이너

나도 게임 사운드크리에이터

이제 게임이 더욱 실감 나도록 소리를 입혀줄 거예요. 만약 강아지가 짖는 모습이 나오는데 소리가 안 들리면 어색하겠죠? 캐릭터들이 걷거나 뛸 때, 넘어지고 일어날 때는 어떤 소리가 날까요? 무기를 쏘거나 물건을 떨어뜨릴 때는요? 모든 효과음을 입히고 나면, 게임 배경에 어울리는 음악도 찾아보아요. 우리가 바로 작곡할 수는 없으니 좋아하는 음악을 넣어주어도 좋겠네요. 게임 창이 열리고 닫힐 때, 게임이 진행될 때 어떤 음악이 흐르기를 바라나요?

게임 사운드크리에이터

나도 게임 마케터

게임을 다 만들었으면 이제 광고가 필요해요. 주위 사람에게 내가 만든 게임을 소개할 말을 적어보아요. 가장 먼저는 이 게임을 좋아할 만한 사람들을 찾아봅시다. 어떤 성격의 사람일까요? 초등학생일까, 중학생일까? 여자일까, 남자일까?

소개할 사람을 정했다면 게임의 매력을 제대로 알려야죠. 이 게임은 어떤 재미가 있나요?

게임 마케터

초등학생의 진로와 직업 탐색을 위한 잡프러포즈 시리즈 05
게임개발자는 어때?

2022년 2월 28일 | 초판 1쇄
2024년 5월 20일 | 초판 3쇄

지은이 | 이홍철
펴낸이 | 유윤선
펴낸곳 | 토크쇼

편집인 | 유진아 · 박성은 · 김정희
표지디자인 | 이민정
본문디자인 | 김정희
마케팅 | 김민영

출판등록 2016년 7월 21일 제2019-000113호
주소 | 서울시 마포구 월드컵북로 98, 2층 202호
전화 | 070-4200-0327
팩스 | 070-7966-9327
전자우편 | myys327@gmail.com
ISBN | 979-11-91299-47-2(73190)
정가 | 13,000원

이 책의 저작권은 저자와 출판사에 있습니다.
서면에 의한 저자와 출판사의 허락 없이 책의 전부 또는
일부 내용을 사용할 수 없습니다.